LE GÉNÉRAL

BATAILLE

[1816-1882]

PAR

A. DE LEVIS-MIREPOIX

ORLÉANS

H. HERLUISON, LIBRAIRE-ÉDITEUR

17, RUE JEANNE-D'ARC, 17

—

1886

LE GÉNÉRAL BATAILLE

LE GÉNÉRAL BATAILLE

IMP. GEORGES JACOB, — ORLÉANS.

LE GÉNÉRAL
BATAILLE

[1816-1882]

PAR

A. DE LEVIS-MIREPOIX

ORLÉANS

H. HERLUISON, LIBRAIRE-ÉDITEUR

17, RUE JEANNE-D'ARC, 17

—

1886

LE

GÉNÉRAL BATAILLE

[1816-1882]

E 11 septembre 1816, naissait, dans une bourgade de l'Isère, un modeste enfant auquel était réservée une brillante destinée dans l'armée française. Il se nommait Henri-Jules ; il était fils du brave capitaine Bataille.

Cet officier, frappé dans ses affections politiques en 1814 et particulièrement en 1815, après le désastre de Waterloo, souffrant d'ailleurs de blessures nombreuses, était venu en demi-solde, à Bourg-d'Oisans, se reposer de la vie des camps dans le calme de la famille. Il s'était marié, puis avait pris sa retraite. De son union avec une compatriote, Mlle Garnier, était issu le petit Jules, auquel son père ne devait laisser pour héritage que ses brillantes qualités militaires.

Nous ne suivrons pas l'enfant dans ses premières années ; nous le laisserons dans les bras de sa mère, ou sur les genoux de son père, quand celui-ci, réunissant ses amis autour du foyer, leur racontait les épisodes d'une existence militaire glorieusement remplie.

Il devait écouter, haletant, les récits du vieux troupier, et ces souvenirs, demeurés confus dans son esprit, n'ont pas été, sans doute, étrangers à sa vocation.

Il n'est que juste d'ouvrir à cette place une parenthèse et de rendre hommage au capitaine avant de parler du général, car nous trouvons ici une preuve nouvelle de l'influence de l'hérédité : la carrière du fils n'a été, pour ainsi dire, que le développement de celle du père.

Celui-ci avait pris du service en 1791 dans le 1er bataillon de l'Isère. Incorporé dans l'armée des Alpes, il était de ces soldats sans souliers et sans pain, auxquels Bonaparte montrait, du haut des cimes qu'ils venaient de franchir, l'Italie ensoleillée et florissante, comme l'enjeu de la guerre.

A la bataille de Rivoli, jeune caporal, il faisait, avec trois de ses camarades, cent seize prisonniers, et recevait, pour cette action d'éclat, un sabre de mérite ; il allait ensuite passer plusieurs années en Égypte, à l'ombre gigantesque des Pyramides.

Toutefois, il serait trop long d'énumérer la suite des campagnes auxquelles il prit part dans un temps où le dernier mot était au sabre, et où les conquêtes succédaient aux conquêtes. Ce serait dépasser les limites de la parenthèse que nous nous sommes permise. Qu'il nous suffise de dire que de 1791 à 1815 ce brillant soldat n'a pas connu le repos. Il s'est battu sur la plupart des champs de bataille d'Europe et d'Afrique ; quatre fois son corps a été troué par le fer ou le plomb, et il eut la gloire de faire partie de la Grande Armée. Ses distinctions honorifiques, ses grades, il les a conquis un à un, à la pointe de son épée. Il n'est donc pas surprenant qu'un homme trempé de la sorte ait pu transmettre à son fils, avec le sang, les ardeurs militaires qui firent l'honneur de sa vie. L'ancien capitaine, retraité à Bourg-d'Oisans, a

dû se pencher souvent sur le berceau de cet
enfant qu'il avait eu sur le tard, et lui aura dit
entre haut et bas : « Tu seras soldat comme
moi. » Aurait-il osé ajouter : « Tu seras général
comme Marceau, comme Kléber, comme De-
saix. »

Les pères ont parfois le don de seconde
vue !

Quoi qu'il en soit, Jules Bataille perdit, à l'âge
de sept ans, ce père usé prématurément par les
rudes labeurs de la vie de campagne, et il n'en
conserva qu'un précieux souvenir entretenu par
sa mère. A bout de ressources et pourtant dési-
reuse de lui donner une éducation en rapport
avec la qualité d'officier de son époux, cette
femme exemplaire sacrifia généreusement son
amour maternel. Elle devait plus tard en être ré-
compensée au centuple. Profitant d'une tournée
que faisait dans le Dauphiné le marquis de Clermont-Tonnerre, alors ministre de la guerre, elle
lui présenta une supplique tendant à faire adopter
son fils comme élève du Roi au Prytanée militaire. Sa demande, par une faveur spéciale,
reçut une solution favorable. A dix ans Jules
Bataille disait adieu à sa courageuse mère
qu'il ne devait plus revoir qu'avec son épaulette

de sous-lieutenant. C'est que la distance était grande de La Flèche et de Saint-Cyr à Bourg-d'Oisans, dans un temps où le seul moyen de communication était la pesante diligence ! D'ailleurs, la malheureuse veuve n'avait ni l'aisance nécessaire pour faire venir son cher enfant pendant les vacances, ni la possibilité d'aller l'embrasser elle-même. A grand'peine elle avait réuni le fruit de ses modestes économies pour fournir le trousseau exigé par l'État, et si les habitants de Bourg-d'Oisans n'étaient venus généreusement à son secours en prenant à leur charge les frais de transport de leur jeune compatriote admis à La Flèche, elle eût été obligée de renoncer au bénéfice de la bourse qui lui avait été accordée. Bataille rappelait fréquemment cet incident touchant, et il n'a cessé de confondre dans sa gratitude, et ses concitoyens et la famille de Clermont-Tonnerre qui lui avait mis, si je puis m'exprimer ainsi, le pied à l'étrier.

Le voilà donc séparé des siens, apprenti militaire, ayant revêtu à l'École cet uniforme, seul héritage paternel qu'il devait, cinquante-cinq ans après, emporter dans son cercueil. S'il quitta de bonne heure sa famille non sans éprou-

ver les déchirements qu'entraine une pareille
séparation, il eut du moins la consolation de
trouver bientôt à l'École la grande famille militaire. Il commença d'abord par se faire des camarades, puis des amis, qui devaient être plus tard,
comme les Bourbaki, les Cambriels, d'illustres
frères d'armes, car l'intimité au bivouac a cela
de particulier qu'elle ne crée pas seulement des
relations sociales vaguement entretenues comme
dans la vie civile, elle constitue une véritable
confraternité dont le lien s'établit sur le champ
d'honneur, à l'épreuve des mêmes privations et
des mêmes périls.

Passons rapidement sur ces années de
La Flèche, dont la monotonie n'a été troublée
que par les sourds roulements du tambour et
les sons cuivrés du clairon qui déterminaient
tour à tour les heures des différents exercices de
la journée. Aucun parent, aucune connaissance
ne vint le visiter. Personne ne le remonta
dans ces moments difficiles qu'on traverse à
quinze ans, et où il est si doux d'entendre
une parole qui vous réconforte. Il se sou-
venait à peine d'un officier supérieur qui
s'était senti attiré vers lui, et les jours de
congé l'emmenait de temps en temps jusque

dans sa chambre pour lui dire quelques mots
d'intérêt.

Néanmoins, Jules Bataille se plaça prompte-
ment au premier rang parmi ses jeunes émules.
Il se préparait à rendre avec usure à la France
qui l'avait adopté les bienfaits qu'il en recevait.

Entré à Saint-Cyr dans un rang honorable,
il fut un élève d'élite. L'année suivante, le
12 octobre 1836, il obtint son brevet d'officier. Il
eut alors la grande joie de retourner à Bourg-
d'Oisans, fier de montrer ses épaulettes à cette
noble femme qui avait fait taire les sentiments
de son cœur pour aider son fils à suivre les
traces de son père, et, sans hésiter, avait confié
l'orphelin à la patrie pour l'élever. Ce congé
expira bien vite, et Jules Bataille quitta les hori-
zons montagneux du Dauphiné pour s'en aller
chercher sa fortune tout entière dans sa cape et
son épée, sous les climats qu'il ne devait plus
quitter durant vingt ans.

Cette terre ardente, legs suprême de Charles X
à la France, au moment de l'écroulement d'un
trône dix fois séculaire, cette terre d'Algérie
l'attirait comme un foyer de toutes les vertus
militaires, de même que les Pyramides et
Saint-Jean-d'Acre avaient jadis attiré son père.

Sans doute, il n'y trouva pas, comme celui-ci
en Égypte, un Bonaparte, un Kléber, fanati-
sant les troupes de leurs proclamations irrésis-
tibles et de leurs exploits; mais il recueillit les
traditions d'autres héros, qui pour être plus
modestes n'en ont pas moins leur gloire, et,
pendant trente ans, ont illustré notre nouvelle
conquête de succès plus durables. Du reste,
Napoléon lui-même n'eût point méconnu Bugeaud, le père Bugeaud, avec sa casquette
presque aussi légendaire, dans l'armée, que la
redingote grise du petit caporal. Il eût apprécié
le bouillant Lamoricière avec ses zouaves, et
les grenadiers du Directoire n'auraient pas re-
nié les chasseurs d'Orléans.

Ce fut donc sous les auspices des Africains
que débuta le fils du capitaine Bataille.

De 1839 au 10 septembre 1851, il ne cessa
guère d'être en campagne, et pendant ces
douze années, il se distingua par son entrain et sa bravoure. Promu lieutenant en 1840,
capitaine le 12 mars 1843, il entendit les échos
de la prise de la Smala d'Abd-el-Kader par un
jeune prince héritier des Condé, chez lequel la
valeur n'avait pas attendu non plus le nombre
des années.

Pourquoi la France n'a-t-elle pas usé plus longtemps de cette vaillante épée qui se révélait par un coup de maitre? Bataille était bien digne de mettre un jour la sienne au service d'un tel chef.

A Némenchas, où il se fit remarquer, sous les ordres de Canrobert, à la tête de sa compagnie, chacun enviait son admirable sang-froid. A Zaatcha, ce fait d'armes si glorieux pour nos troupes, Bataille se signala auprès du regretté colonel Zéroka, de la légion étrangère, qui reçut une blessure dont les suites devaient l'enlever prématurément aux brillantes destinées qui l'attendaient et à l'armée qui l'aimait. Zaatcha est une oasis de l'Algérie, dans la province de Constantine, à 30 kilomètres sud-ouest de Biskara dans les Zibans. Elle contient un bourg fortifié du même nom, inutilement assiégé par le bey de Tunis en 1844, et qui, révolté contre les Français en 1849, fut attaqué par le général Herbillon et repris après un assaut meurtrier conduit par le colonel qui devint plus tard le maréchal Canrobert. Les huit cents hommes qui défendaient la place périrent jusqu'au dernier.

Le 16 juillet, pendant le siège, le capitaine

Bataille fut blessé et brûlé d'un coup de feu
à l'épaule gauche en allant chercher, dans
un jardin, deux blessés abandonnés, qui ris-
quaient de rester entre les mains des Arabes.
Dans ces luttes contre les barbares, il est de la
plus haute importance, pour donner de la confiance aux combattants, de ne pas abandonner
ceux qui tombent, car, ignorantes du droit des
gens, ces peuplades ne font pas de quartier.
Non seulement les guerriers s'acharnent après
les prisonniers, mais ils les livrent à leurs
femmes, qui semblent vouloir se venger de leur
condition misérable sous la législation de Maho-
met, en se jetant sur les captifs comme des
fauves, pour les mutiler.

Au mois de novembre, il eut encore à son
actif une brillante affaire. Chargé d'escorter
un convoi de vivres et de munitions, en même
temps que de malades et de blessés, il sut le
défendre, dans les gorges d'Elkantara, avec
deux cent cinquante hommes à peine valides,
contre l'attaque de plusieurs milliers de
Kabyles. L'engagement avait été vif, les ennemis difficiles à débusquer des crêtes qui
dominaient le défilé, et le passage des voi-
tures pénible à effectuer dans les mauvais pas où

il fallait dételer les unes pour doubler les atte-
lages des autres.

Grâce à sa présence d'esprit et à la sûreté de
son coup d'œil, il triompha de ces obstacles,
après avoir infligé aux montagnards des pertes
sérieuses.

Ces deux faits d'armes lui ont valu d'être
cité, dans la relation officielle du siège de
Zaatcha, parmi les militaires qui s'y sont particulièrement distingués. Le grade d'officier supérieur aux tirailleurs indigènes, qu'il obtint
le 16 janvier 1850, fut sa récompense.

Aux qualités morales qui le recommandaient
à la bienveillance de ses chefs en même temps
qu'à l'amitié de ses camarades, Jules Bataille
joignait des qualités physiques qui ne nuisent
jamais, dans l'armée moins qu'ailleurs, car
elles sont le coefficient naturel du prestige et de
l'autorité.

Les tirailleurs admiraient leur commandant.
Qu'on se le représente, en effet, monté sur un
élégant cheval arabe, à la tête de son bataillon,
resplendissant sous sa tunique bleu de ciel aux
larges plis et d'un type oriental. Il avait, à cette
époque, tout l'éclat de la jeunesse, le front large,
les yeux grands ouverts sous l'arcade superci-

liaire vigoureusement teintée par les sourcils,
le nez droit, la moustache coupée à hauteur de
la lèvre, laissant apercevoir une bouche régulièrement dessinée, le teint mat un peu bronzé par
les rayons du soleil, le tout encadré d'une che-
velure négligemment rejetée en arrière et d'un
noir d'ébène. Sa physionomie était ouverte,
avec une expression de loyauté qui trahissait
une âme dont la formule aurait pu être : « Toujours tout droit, » comme nous le verrons dans
la suite de cette biographie.

Le commandant Bataille avait horreur de
la dissimulation, et ne connaissait, en aucune façon, l'art de la diplomatie. D'une seule
pièce, il abordait de front les difficultés de
la vie, comme les retranchements qu'il prenait
d'assaut à Zaatcha, et s'il admettait les mouvements tournants dans la conduite des
troupes, il les dédaignait dans sa conduite
personnelle.

Le grade de chef de bataillon est un de ceux
dont il a le plus joui. Celui qui écrit ces lignes
l'a souvent entendu en évoquer le souvenir. Il
aimait à parler de ces braves turcos au teint
bruni et basané, comme Lamoricière de ses
incomparables zouaves. Et plus tard, quand,

général de division, commandant de corps
d'armée, il rencontrait quelque officier l'ayant
connu à cette période privilégiée de son existence, ses yeux s'animaient, sa figure s'il-
luminait, sa parole devenait vibrante. Ose-
rai-je l'avouer? il avait quelque faiblesse pour
son interlocuteur, et jamais il ne le congé-
diait sans lui départir quelque innocente faveur.

Cité de nouveau, au rapport du général de
Saint-Arnaud, pour s'être plusieurs fois distingué, pendant l'expédition de Kabylie, en 1851,
il n'attendit guère son grade de lieutenant-
colonel; il l'obtint, pour faits militaires, le 8 août
suivant, avec une lettre de service pour le
56ᵉ de ligne en France.

Il n'avait alors que trente-quatre ans, et, chose
singulière, sa carrière avait été si rapidement
parcourue, qu'il n'avait littéralement pas eu le
temps d'être décoré. Récompensé, à chaque
citation, par de l'avancement, il n'avait point
laissé à ses chefs le loisir de lui mettre, dans
l'intervalle de deux grades, la croix sur la poi-
trine. Son inspecteur général, frappé de cette
anomalie, le proposa d'office pour cette distinc-
tion, car il lui paraissait inacceptable que le

second d'un régiment ne fût pas membre de la Légion-d'Honneur. Le lieutenant-colonel Bataille fut donc, en quelque sorte, admis de droit dans l'ordre dont il devait plus tard être un des plus hauts dignitaires.

Il ne fit que toucher barre en France : ses antécédents, ses goûts le rappelaient en Afrique, et passant à la légion étrangère, il y demeura jusqu'à ce qu'il prît le commandement, en Algérie, du 45ᵉ de ligne.

Il n'eut pas la bonne fortune de faire la campagne de Crimée. Ce fut pour lui un crève-cœur de ne se trouver pas aux côtés de son ancien général, le glorieux Saint-Arnaud, arrêté subitement au cours de ses succès par une maladie qui n'est pas moins implacable aux soldats que le feu de l'ennemi. Mais il fallait, pendant cette expédition d'Orient, des officiers éprouvés, ayant les traditions du sol, pour maintenir le drapeau français dans notre belle colonie méditerranéenne, et l'on ne pouvait mieux choisir que le commandant du 45ᵉ de ligne, mûri sous le soleil d'Afrique, depuis sa sortie de Saint-Cyr.

Sans entrer dans le détail des différentes colonnes expéditionnaires dont il fit partie

depuis sa rentrée en Algérie, il est pourtant
nécessaire de rappeler que, dès les premiers
mois de 1856, les Kabyles du Djurjura s'agi-
tèrent de nouveau et s'efforcèrent d'ébranler
notre autorité sur les confins de notre territoire,
en poussant à la défection les tribus soumises.
C'est à leurs intrigues que doivent être attri-
bués les troubles qui éclatèrent au commencement de l'année dans la vallée de Sébaou, et
nécessitèrent la sortie d'une colonne autant pour
protéger notre établissement de Tizi-Ouzou que
pour empêcher l'insurrection de se propager au
loin, au milieu des populations situées en
arrière de ce poste.

La même cause produisit le même effet du
côté de Dra-el-Mizan, dans la dernière quin-
zaine d'août. Le 2 septembre, eut lieu le combat de ce nom, à la suite duquel nos troupes
prirent la position de Tachentirt. Le général
Gastu arrivé avec des renforts, vers la fin
du combat, se porta, le surlendemain 4, à
Bordg-Boghni avec deux bataillons et trois
escadrons. Tandis qu'il s'y établissait, quelques contingents ennemis, croyant vraisem-
blablement ne trouver qu'une poignée de dé-
fenseurs dans Dra-el-Mizan, vinrent engager

une nouvelle action. C'est alors que le colonel
Bataille, à la tête de deux compagnies d'élite
du 45e de ligne et de trois compagnies de chasseurs à pied, les mit en déroute et leur tua une
centaine d'hommes.

On sait avec quel succès cette campagne fut
achevée. Deux corps de troupes, l'un parti de
Dra-el-Mizan sous les ordres de M. le général
de division Yusuf, le second de Bordg-Boghni
sous la direction de M. le général de brigade
Gastu, se réunissent au bivouac de Beihira-
mta-Allel chez les Fricat, tribu kabyle soumise
à la domination française, mais depuis quelque
temps entrainée aussi à la révolte par l'influence
du marabout El-Madj-Amar.

Yusuf, commandant supérieur de ces troupes
réunies à Beihira, les organise en colonnes de
marche et les sectionne en deux brigades: la
première sous les ordres du brigadier Gastu, la
seconde sous ceux du colonel Bataille. A dater
du 11 septembre, la division fut journellement
aux prises avec l'ennemi, délogeant les rebelles
de leurs positions, incendiant les villages, cou-
pant les plantations, tantôt manœuvrant pour
son compte, tantôt combinant ses mouvements
avec ceux de la division Renault, sous le com-

mandement en chef du maréchal Randon, alors
gouverneur de l'Algérie.

La brigade Bataille contribua énergiquement
au succès de ces opérations, dans les limites qui
lui étaient prescrites. On sentait la vigueur de
la main qui la dirigeait.

Cependant, le dimanche 5 octobre, les deux
divisions étaient réunies au même bivouac.
Aussi le gouverneur général, qui venait de
recevoir la soumission des dernières tribus sou-
levées, profita-t-il de cette concentration pour
faire célébrer au camp, sur un autel improvisé,
une messe solennelle à laquelle lui-même assista
avec tout son état-major.

C'était, pour ainsi dire, l'acte suprême d'une
expédition brillamment menée dont le Maréchal
témoigna sa satisfaction aux troupes par l'ordre
du jour suivant :

« Soldats, en quelques semaines vous avez
rencontré vingt fois l'ennemi, et dans ces vingt
combats la victoire a toujours récompensé votre
valeur. Les tribus du Djurjura s'étaient mises
en révolte sans motif et étaient venues auda-
cieusement attaquer notre poste de Dra-el-
Mizan : vous les avez rudement châtiées, et

désormais ces montagnards sauront ce qui les attend, si vous avez encore à agir contre eux.

« Officiers et soldats, vous avez vaillamment accompli la tâche que l'Empereur vous avait donnée, et il me reste à remplir le devoir de faire obtenir des récompenses à ceux d'entre vous qui les ont particulièrement méritées. Je m'y emploierai avec ardeur. . . . .

« Soldats, vous ne direz pas un long adieu aux montagnes que vous venez de parcourir, nous y reparaîtrons au printemps, et nous conquerrons cette Kabylie où nul n'a pénétré avant vous.. . . . .

. . . . »

Bataille était de ceux qui étaient désignés pour une récompense exceptionnelle. La croix d'officier de la Légion-d'Honneur lui fut décernée, et, quelque temps après, il attachait à ses épaulettes les étoiles de général de brigade.

Le 12 août 1856, il quitta définitivement la terre d'Algérie qui avait fait de lui un officier général, pour aller prendre le commandement d'une brigade d'infanterie de l'armée de Lyon.

A Lyon, le nouveau promu retrouvait presque

son pays qu'il avait quitté, on le sait, en
1826, sous les auspices du marquis de Clermont-Tonnerre, à l'époque de son entrée au
Prytanée.

Mme Bataille, depuis une trentaine d'années,
n'avait vu son cher fils qu'à de bien rares
intervalles. Elle le reçut au foyer avec un
légitime orgueil, et dans la suite ne se
sépara plus guère de lui; car, si les expédi-
tions lointaines et les luttes de la vie avaient
fait de ce soldat un militaire rude à l'épreuve,
ardent au péril, ambitieux de la renommée,
elles n'avaient pas altéré en lui les qualités
exquises du cœur. Ame aimante et délicate,
il n'a jamais marchandé sa reconnaissance.
Jeune sous-lieutenant, il se retranchait l'aisance pour la donner à sa mère. Officier général, il la recueillait à côté de lui, et lui
accordait une part des ressources qu'il avait
conquises.

Raconterai-je les tendres jouissances de ce fils
attentif, quand il prêtait à sa vieille mère sa voi-
ture pour la promener? En la regardant partir,
caché derrière le rideau d'une fenêtre, il souriait
à la joie innocente de cette humble femme se
reposant enfin d'une vie toute de sacrifice, dans

le confortable plein de convenance dont il l'entourait pieusement. C'est un trait bien intime, que l'on m'excusera de relater ici, car il a son importance pour faire connaître l'homme. Les grandes vertus n'excluent pas les petites, et pour moi, ces détails que j'appellerais presque d'intérieur, sur les hommes qui ont joué un rôle dans leur patrie, ces détails que l'on néglige trop souvent, me séduisent presque autant que ceux qui appartiennent à l'histoire. J'avoue que si les exploits du marquis de Montcalm au Canada emportent mon admiration, ses sentiments de famille, dont nous retrouvons l'affectueuse expression dans sa correspondance privée, me pénètrent d'émotion. Combien j'aurais voulu avoir celle du général Bataille pendant les vingt années de son séjour en Afrique! Avec ces lettres, j'aurais pu initier le lecteur au mystère de son dévouement pour les siens et, par des textes empruntés à lui-même, montrer le cœur sur la main celui que je n'ai guère fait voir autrement que le sabre au poing.

Il resta deux années à la tête de sa brigade sans qu'aucun incident ne vint le signaler. Entouré de bons amis et d'officiers auxquels il savait inspirer une confiance absolue, il goûta avec bonheur ce calme momentané qui lui était accordé après l'agitation de la première partie de sa carrière.

Cependant, au printemps de l'année 1859, l'horizon politique commença à se rembrunir; l'Empereur oubliant que la maison d'Autriche n'était plus à abattre, car l'œuvre commencée par le cardinal de Richelieu avait été consommée par Napoléon I⁰ʳ, l'Empereur, dis-je, fit un anachronisme en se séparant solennellement du baron de Hübner représentant des Habsbourg à Paris. C'était la déclaration de guerre à une puissance dont nous devions regretter l'alliance onze ans plus tard. Dès que la diplomatie eut dit son dernier mot et fermé son livre jaune, la brigade Bataille devint la première brigade de la deuxième division d'infanterie, dont la direction fut confiée au général Trochu dans le corps du maréchal Canrobert. Au cours de cette campagne, heureuse pour nos armes, le jeune général se montra tel qu'on pouvait s'y attendre.

La division fut engagée à deux reprises différentes, mais chaque fois elle n'eut en ligne que la première brigade qu'il commandait. La première fois c'était à Magenta, la seconde à Solférino.

Arrivée le 4 juin dans la soirée sur le théâtre de la lutte, cette brigade fut dirigée sur Ponte-Vecchio di Magenta, qu'elle couvrit en allant passer la nuit au delà du village, dans l'angle formé par les maisons et le Naviglio Grande (rive droite).

Le général fut attaqué, à la première pointe du jour, par l'ennemi qui se précipitait en avant d'une haie placée à soixante mètres de l'un de ses bataillons. Ce bataillon fut ébranlé par l'impétuosité du choc, et une panique passagère vint à se produire dans ses rangs. Sans avoir le temps de prévenir son divisionnaire et même de faire seller son cheval, Bataille, à pied, s'élance au plus fort de l'action ; il voit, avec son coup d'œil habituel, que l'offensive, même en désordre, est le seul moyen de se dégager : il la prend avec une rare énergie. Rencontrant un groupe de soldats trop nombreux pour rapporter à l'ambulance un colonel blessé, il bondit sur eux avec une superbe colère, ramène au combat les bras inutiles, et, s'adressant à la troupe qui l'entourait, il s'écrie : « En avant ! Si je tombe, je défends qu'on me ramasse. »

Rien ne pouvait plus résister alors à son entrainement, et il fut assez heureux, non seulement pour arrêter la panique en présence de l'ennemi, mais encore pour repousser les Autrichiens jusqu'au delà du village de Robecco, à deux kilomètres de son point d'attaque.

C'est à bon droit qu'il a toujours revendiqué pour lui seul l'honneur d'avoir conduit sa brigade dans cette matinée. Seul, en effet, il a donné des ordres à ses régiments et n'en a reçu de personne. D'ailleurs, la présence du reste de la division en arrière de ses lignes ne lui a été révélée que fort tardivement par la sonnerie d'un clairon donnant le signal du rappel, quand déjà il avait à peu près opéré son retour de Robecco. L'ennemi était alors en pleine déroute.

Dans le compte-rendu de ses opérations, le maréchal Canrobert fait l'éloge de la brigade Bataille en disant qu'elle coopéra au succès de la journée par une occupation des plus solides de Ponte di Magenta.

Quant à la bataille de Solférino, laissons la parole au maréchal : « Le troisième corps, écrit-il, avait, en raison des éventualités qui pouvaient se produire sur sa droite, disposé d'une partie déjà bien importante de ses forces, et cependant de nouvelles demandes lui étaient adressées instamment, afin d'appuyer le centre du

quatrième corps, sur lequel l'ennemi faisait un
effort désespéré. Supposant que la division Bourbaki ainsi que la brigade Collineau de la division
Trochu, seraient suffisantes pour repousser le
corps annoncé de Mantoue, j'envoyai le général
Trochu avec la brigade Bataille, de sa division,
au général Niel, pour être placée entre les divisions de Failly et Vinoy du quatrième corps. A
quatre heures, cette brigade entrait en ligne, les
bataillons en colonnes serrées, par divisions,
dans l'ordre en échiquier que je leur prescrivis
sur le terrain, l'aile gauche refusée et l'artillerie
à portée d'agir efficacement. Ce renfort per-
mettait au général Niel de prononcer un mouvement offensif qui a d'abord repoussé l'ennemi;
mais celui-ci ayant opéré un retour, la brigade
Bataille a été lancée de nouveau, et, conduite
avec un admirable entrain par le général Trochu,
a refoulé définitivement l'ennemi qui n'a pas
reparu dans cette marche rapide fournie jusqu'à
la route de Cérésara. Le 44ᵉ formant l'aile droite
a été un instant débordé par l'ennemi, mais par
l'ordre du général Bataille, dont *je ne saurais
trop louer le courage et le sang-froid*, les deux
derniers bataillons, vigoureusement conduits par
le colonel Pierson et le commandant Comdamien,

ont fait face à droite, marché rapidement sur la Tuilerie, et serré de si près l'ennemi qu'ils ont fait des prisonniers et l'ont forcé à abandonner deux pièces qui ont été prises. »

La brigade avait manœuvré comme à l'exercice : c'est l'expression de son chef, que lui a empruntée le général Trochu, pour la consacrer avec sa plume officielle, quand il fit le récit de la part qu'avait eue sa division dans cette mémorable journée où l'armée française avait lutté contre 260,000 Autrichiens, réunis en neuf corps d'armée sous la main de François-Joseph lui-même.

Deux jours après cette belle victoire, il fut, par un choix spécial, placé à la tête de la deuxième brigade de la division des voltigeurs de la garde. Le prix de ses remarquables services fut, en outre, le double titre de commandeur de la Légion-d'Honneur et de l'ordre de Saints-Maurice et Lazare de Sardaigne.

A la rentrée des troupes, il s'établit à l'École militaire, à Paris, où il resta jusqu'à sa promotion au grade de divisionnaire.

Sept années se passèrent pour lui sans secousses, car il n'eut pas l'occasion de faire la campagne du Mexique. Sa situation le mit en

relations avec l'Empereur des Français qui avait
une bienveillance particulière pour les officiers
de sa garde et le distinguait entre tous. Aussi,
le général Bataille a-t-il toujours conservé de son
souverain un souvenir reconnaissant, jamais sé-
ditieux, je me hâte de le dire. Il avait de l'attrait
pour la personne de Napoléon III, comme tous
ceux qui l'ont approché, et dans la suite, après
l'effondrement de 1870, il garda le sentiment de
sa fidélité dans l'intimité de son cœur. D'une
nature trop droite pour ne pas respecter une si
haute infortune, il inclinait à excuser les fautes
qui l'avaient amenée. Toutefois sa sympathie na-
turelle pour le régime déchu n'a jamais dépassé
la mesure qu'il était en droit de se permettre, et
comme citoyen et comme fonctionnaire : ceux
qui l'ont approché peuvent l'affirmer.

En Dauphiné, on avait les yeux fixés sur lui ;
le canton de Bourg-d'Oisans était fier d'avoir
fourni à l'armée une de ses têtes de colonnes, et,
à ce titre, les habitants résolurent de donner à
leur ancien pupille un témoignage de leur estime. Vers le milieu de l'année 1860, il fallait
procéder au remplacement d'un conseiller général récemment décédé : à l'unanimité, dans les
comités électoraux, Bataille fut désigné comme

le candidat nécessaire. Les notables, qui étaient de ses amis, lui écrivirent pour lui annoncer que son nom était dans toutes les bouches et qu'il fallait se résigner à accepter le mandat qu'on voulait lui confier. Le brigadier des voltigeurs de la garde était militaire dans l'âme ; il avait un goût médiocre pour les fonctions civiles et même électives. Il se défendit comme il put : « Je ne suis qu'un soldat, répondait-il aux délégués qui sondaient ses intentions ; laissez-moi sous ma tente, et ne me faites pas entrer dans la politique. »

Il avait mieux à faire qu'à s'occuper des chemins vicinaux, lui qui ne pensait qu'à la défense de nos frontières ; comment se serait-il intéressé à des questions locales, lui qui croyait se devoir tout entier au service de la France ? Et puis, il y a de petites misères dans la politique, des intrigues à nouer ; or, à aucun degré, il n'était l'homme des intrigues. Néanmoins, il reçut une adresse couverte de signatures, conçue dans des termes tels qu'il ne crut pas devoir se dérober aux vœux des électeurs : il se détermina à subir la candidature. Naturellement il fut élu à l'unanimité des votants, sans qu'il daignât même venir solliciter un suf-

frage ; il acceptait les votes, il ne les briguait
pas. L'homme du commandement ne pouvait
devenir le flatteur de la multitude. Malgré tout,
cette situation était tellement en dehors de ses
goûts, qu'il chercha à s'en décharger à la première occasion.

Comme on le savait influent, chacun s'adressait
à lui pour obtenir quelque faveur ; mais il lui
répugnait de se faire l'interprète de ces demandes et le fauteur de ces passe-droits. Comment le conseiller général s'y serait-il pris pour
solliciter un congé de soutien de famille qu'il
eût refusé comme chef militaire? Bataille n'avait
pas de ces souplesses de caractère ; il ignorait
l'art de s'accommoder avec toutes les importu-
nités dont il était l'objet, et dans le fond il n'a
jamais compris qu'un officier perdit aux assem-
blées un temps qui n'appartient qu'à l'armée. Il
poussait même cette manière de voir jusqu'à
l'exagération. Ses griefs contre sa fonction
élective s'accrurent tellement que, moins de
deux ans après son investiture, dans un accès
de dégoût, il adressa sa démission au président du Conseil général. Aucune influence ne fut
assez puissante pour le faire revenir sur cette
décision.

Le 12 août 1866, il ajouta une troisième étoile aux deux qu'il avait déjà, et fut pourvu du commandement de la deuxième division d'infanterie du camp de Châlons.

La réclame n'a joué aucun rôle dans la carrière du général Bataille ; il ne communiquait à la presse des renseignements sur lui-même que lorsqu'il ne lui était pas possible de l'éviter. Ses idées à cet égard se traduisent par les lignes suivantes, adressées à un auteur qui le consultait à propos d'une page où il était question de lui : « Il m'est toujours assez difficile, répondit-il, d'avoir à raconter les affaires auxquelles j'ai pu prendre part, et si vous ne vous étiez donné la peine de m'écrire une lettre de votre propre main, j'aurais gardé le silence qui est dans mes goûts et dans mes habitudes. »

Comme dans le reste de la lettre il avait été forcé, en ce qui le concernait, d'employer le pronom personnel, il en a quelque remords, et, pour ainsi dire confus, il termine en ces termes :

« Il y a dans tout ceci, Monsieur, beaucoup de *moi* ; je le regrette, mais ne vous en prenez qu'à vous-même et au livre que vous voulez faire. Vous m'avez à peu près obligé à prendre la plume, quand je m'en abstiens toujours en pareil cas. »

Tandis que le général s'occupait exclusivement de ses devoirs professionnels, éloigné des passions politiques et religieuses, de graves événements se passaient en Italie. Le flot de la révolution s'avançait, semblable à une marée montante, des Romagnes au pied des sept collines. Le Vatican lui-même était menacé. M. Thiers, avec son instinct diplomatique, avait deviné, derrière l'unité italienne, l'unité germanique, et l'avait dénoncée à la tribune du corps législatif. La voix de l'éloquent Évêque d'Orléans avait forcé les portes des Tuileries, et le gouvernement, qui avait laissé Goyon l'arme au bras pendant l'hécatombe de Castelfidardo, le gouvernement, qui n'avait pas su faire respecter le traité de Zurich et s'était rattaché à la convention boiteuse du 15 septembre, se décida enfin à y ramener de gré ou de force l'*Italia irredenta*.

Napoléon, entraîné par l'opinion publique, enjoignit au général de Failly de barrer le chemin à Garibaldi, qui n'avait commis d'autre erreur que d'aller trop vite dans son œuvre de spoliation. Car d'ores et déjà les jours du pouvoir temporel étaient comptés, et avec eux ceux de l'Empire. L'ébranlement du pouvoir temporel devait être le prélude de la chute de Napoléon III. L'Empereur ne se doutait guère de cette coïncidence, lui qui était au faîte de la gloire en 1867, et, pendant l'Exposition, avait reçu la visite de tous les souverains de l'Europe. Mais, tandis que le czar de toutes les Russies s'inclinait devant le vainqueur de Sébastopol et que François-Joseph saluait l'épée de Magenta, le roi de Prusse était venu avec son premier ministre prendre la mesure de l'Alsace et de la Lorraine.

Et le général Bataille, lui-même, se rendait-il bien compte, à cette heure d'éblouissement, qu'à Solférino, où il avait mené ses *bataillons comme à l'exercice*, le véritable vainqueur n'avait pas été là où il l'avait cru, mais bien à San-Martino, dans la personne d'un profond politique qui s'appelait Cavour et devait être le maitre de M. de Bismarck ?

Dans tous les cas, il reçut l'ordre de mobiliser sa division et de la mettre à la disposition du général de Failly, chef de la mission. Débarquées, en octobre 1867, à Civita-Vecchia, les troupes gagnèrent les collines de Mentana, à six lieues au nord de Rome ; elles laissèrent celles de Pie IX entamer l'action contre les chemises rouges, et appuyèrent le mouvement en avant du feu de leurs chassepots. Les garibaldiens, au nombre de vingt mille environ, ne tardèrent pas à être culbutés, et laissèrent le sol jonché de leurs morts.

Le fusil chassepot avait fait merveille, selon une expression demeurée célèbre qui n'est certes pas du général Bataille. Il était trop simple pour cela et abandonnait à d'autres les phrases sonores. Il se contenta de présider au baptême du feu de ces fusils nouveaux dont sa division était armée pour la première fois, et d'en apprécier la supériorité sur le fusil à aiguille qui avait fait son apparition dans l'armée prussienne pendant la campagne contre le Danemark.

Dès que la question militaire fut réglée, il demanda au ministre sa mise en disponibilité. Sans vouloir approfondir les raisons qui ont dicté sa conduite dans cette circonstance, il est permis de supposer qu'il ne voyait pas l'utilité de maintenir deux généraux à la tête de la même division, et peut-être aussi se sentait-il mal à l'aise sous les ordres d'un chef dont il devinait l'insuffisance.

Le 3 février 1869, il prit le commandement

de la troisième division d'infanterie du 4ᵉ corps d'armée ; ensuite il fut appelé à celui de la 2ᵉ division d'infanterie du camp de Châlons, devenu, le 16 juillet 1870, la 2ᵉ division d'infanterie du 2ᵉ corps de l'armée du Rhin.

Durant cette terrible épreuve de 1870, où sa vaillante épée se brisa, son courage fut à la hauteur de nos revers. Tous ceux qui ont servi sous ses ordres savent ce que valait un tel chef, quand il s'agissait de faire tête à l'ennemi. Inflexible dans son commandement, il n'exigeait pas seulement un ordre parfait dans l'action, mais il l'imposait encore avec une vigoureuse autorité dans les marches. Un jour, aux environs de Metz, il s'arrêta à l'angle de deux routes qui se croisaient perpendiculairement, afin de surveiller un changement de direction ; et là, entouré de son état-major, il put embrasser d'un seul coup d'œil la tête et la queue de sa division sans le moindre allongement de sa colonne. C'est un spectacle que rarement les généraux peuvent se donner, et il aimait à en parler avec un certain amour-propre de métier que comprendront ceux qui ont quelque idée de la marche d'un corps de troupes.

Il assista aux combats de Saarbruck et de

Forbach, et à tous les combats ou batailles livrés sous Metz.

Le 16 août, à Rézonville, sa division fut une de celles qui eut le plus à souffrir de cette rude journée ; dès le commencement de la lutte, le général fut le point de mire des batteries prussiennes ; il eut d'abord un cheval tué sous lui d'un éclat d'obus. Une seconde monture qu'il avait prise à l'un de ses cavaliers d'escorte eut le même sort. Alors, réduit à rester à pied en tête de la division, il l'entraina de nouveau au combat, car elle venait de subir un mouvement de recul, et Bataille ne savait pas ployer. Forçant le courage de ses régiments, il les ramena en ligne avec une intrépidité à laquelle l'ouvrage du grand état-major allemand a rendu hommage.

Ses officiers se multipliaient pour ainsi dire sous sa main. Ses aides de camp allaient et venaient, portant ses ordres de tous côtés, entrainant ceux qui faiblissaient, ranimant les ardeurs qui s'éteignaient ; l'un d'eux, sous les yeux de son chef, arrachait des applaudissements à la troupe étonnée d'un tel dédain de la mort. Toutefois, cet héroïsme lui devait être fatal : le général fut atteint par une

balle qui lui perça le ventre en pénétrant à
quelques centimètres au-dessous de l'ombilic,
plongeant dans l'aine gauche, contusionnant
le fémur et sortant par la face externe de la
cuisse.

Ce fut un coup de maître pour les Allemands
de l'avoir mis hors de combat, car il allait être
appelé à remplacer le général de Failly dans
son commandement, et peut-être que, sous
cette direction nouvelle, Beaumont n'eût pas
été l'impardonnable préface des douleurs de
Sedan.

Le blessé fut ramené à Metz dans un état des
plus graves, compliqué par la présence dans les
chairs d'un corps étranger que les chirurgiens
n'avaient pu extraire en même temps que la
balle ; sa blessure devint purulente. La gan-
grène s'y mit, et il attendit, entre la vie et la
mort, la capitulation du 27 octobre, à la suite de
laquelle il eut le désespoir de se voir interné en
Allemagne.

J'ai dit que le général Bataille attirait à lui la
confiance de ses inférieurs. Je dois ajouter
maintenant que cette confiance lui a valu des
dévouements peu communs. En voici un touchant exemple : lorsqu'il était à la brigade de

la garde, il avait choisi, pour exercer auprès de sa personne les fonctions d'aide de camp, un jeune officier d'état-major. Cet officier ne l'a plus quitté depuis, jusqu'à ce qu'il rentrât dans la vie privée. C'est lui qui l'a relevé quand il est tombé à Rézonville, c'est lui qui l'a soigné dix mois environ et plusieurs fois l'a disputé à la mort. Il était toujours là, entourant son cher malade d'une sollicitude comparable à celle d'une sœur de charité. Pourtant, il n'était pas seul. Une femme, profondément dévouée au général et qu'il devait plus tard unir à son sort, était accourue au premier bruit de sa blessure ; elle était bien dans son rôle, car la femme est à sa place partout où il y a une plaie à guérir. Il allait lui être donné de partager, avec le fidèle aide de camp, l'honneur de rendre à la France ce valeureux blessé.

Aujourd'hui, l'aide de camp est allé rejoindre dans la tombe celui qu'il a si bien servi. Ces deux existences étaient tellement liées, que l'une n'a pu survivre à l'autre. Le vide de la mort du général semble avoir attiré l'aide de camp, bien que l'avenir lui appartînt encore, et celui-ci, sans faiblesse, a accepté le sacrifice, avec son bon sourire sur les lèvres.

Rentré de captivité, Bataille espérait trouver
à Paris le repos dont il avait si grand besoin.
Mais, le 18 mars, on dut le faire partir clandesti-
nement, tout malade qu'il était, afin de lui éviter
de demeurer entre les mains des insurgés, qui
n'auraient pas manqué de le prendre comme
otage, de même qu'ils ont essayé de s'emparer
de Chanzy. Il est vrai qu'il eût pu trouver,
parmi les fédérés, un protecteur dans Bergeret
lui-même, son ancien secrétaire, qui allait ar-
river aux honneurs, s'installer à l'École militaire dans les appartements de son ancien
général, et se coucher dans le lit de son maître.

A Versailles, sa santé ne lui permit d'accepter
aucune situation dans l'armée qui avait pour mission de rendre la capitale à la civilisation et de
l'arracher à la barbarie de la Commune. Il subit,
au contraire, une crise qui mit une dernière
fois ses jours en danger, mais dont le résultat
fut l'expulsion du corps étranger qui empoison-
nait son sang. C'était le salut, après de longues
souffrances ; aussi M. Thiers put-il enfin lui
remettre, au mois de juillet 1871, le commandement du 2ᵉ corps de l'armée de Versailles,
laissé vacant par la nomination, au ministère,
du général de Cissey.

Bataille n'était pas encore capable de remonter
à cheval, et chacun se rappelle l'effet qu'il produisit sur les troupes quand il se présenta à
elles avec sa mâle figure, appuyé sur deux
cannes pour l'aider à marcher. Le soldat français a du goût pour les officiers qui ont payé
de leur personne : il apprécia Bataille. Le syndic
de la faillite de la France, auquel était réservé le
dernier honneur d'en libérer le territoire,
M. Thiers, l'avait également en grande estime.
Il disait de lui que, s'il avait un commandement
d'armée à donner pour une campagne, ce serait
à Bataille qu'il le confierait à *priori*, et c'était à
juste titre, car il fallait lui passer sur le corps
pour le faire marcher en arrière, nous l'avons
vu sous Metz.

Cherchant à remonter le moral de l'armée par
tous les moyens possibles, il n'entendait pas
raillerie sur ce sujet. Dans une cérémonie
funèbre, où plusieurs discours avaient été pro-
noncés sur un mausolée élevé à la mémoire
de nos victimes, pendant les deux sièges de
Paris, un député s'étant permis de dire :
« J'espère que nous ne verrons plus doréna-
vant l'armée se battre pour des rois et des
princes d'aventure », il bondit à cette apos-

trophe, et la releva comme elle le méritait :
« Je remercie, s'écria-t-il, en répondant aux orateurs sympathiques, ceux de ces Messieurs qui
se sont exprimés avec bienveillance pour l'armée, j'en emporte un sentiment de bien vive
reconnaissance ; je les remercie au nom des
troupes et au nom de M. le Ministre de la
guerre qui m'a désigné pour le représenter ici. »
Puis se retournant *ab irato* du côté du député,
et saisissant son épée à la garde : « De quel
droit, poursuivit-il, en l'interpellant à brûle-
pourpoint, avez-vous osé prétendre que l'armée
se battait pour des rois ou des princes d'aventure? L'armée, Monsieur, tenez-le-vous pour dit,
l'armée ne se bat que pour la France. »

En achevant ces mots, il tourna brusquement
le dos à son interlocuteur. Mais l'assistance
applaudit à l'accent chevaleresque de ce général
qui ne tolérait pas que l'on touchât, devant lui,
à l'honneur professionnel du militaire. Cet incident fit assez de bruit ; on vint le raconter à
M. Thiers, avec l'espoir que celui-ci lui donnerait un sens qu'il n'avait pas. C'était le méconnaître ; le chef du pouvoir exécutif n'aimait point
que l'on attaquât l'armée. Il en approuva sans
restriction le défenseur qui avait su faire justice

de cette inqualifiable sortie, et remettre verte-
ment à sa place cet élu maladroit du suffrage
universel,

> . . . . avec la liberté
> D'un soldat qui sait mal farder la vérité.

Vers cette époque, il reçut du roi de la Pénin-
sule scandinave un gage spécial de sympathie : le grand cordon de l'Épée de Suède.
C'était à la fois un hommage décerné à son mérite et le remerciement que ce souverain reconnaissant croyait lui devoir pour les soins intelli-
gents dont il avait entouré un officier suédois
attaché à son état-major, pendant la guerre.
Inutile de parler de ses autres ordres : le général
s'en souciait peu, quand il les avait gagnés à
une revue.

Lorsqu'une nation a subi de grandes infor-
tunes, elle a le devoir de se recueillir; c'est ce
qu'a fait la Prusse en 1806 et la Russie après
son échec de Crimée. La France en fit autant,
dans la période qui suivit la sanglante épreuve
de 1870-1871. Elle pansa ses plaies, et ses législa-
teurs cherchèrent à mettre à profit les leçons du
passé en la restaurant. Leur premier souci fut
de la reconstituer sur un pied qui lui permît de

faire face aux exigences de la tactique moderne. Ont-ils réussi ? Il ne m'appartient point de le juger : c'est l'avenir qui a le dernier mot sur cette question. Je dirai seulement que de bons esprits, comme celui de M. Thiers, estimaient que le tempérament français s'accommoderait mal des lois à la prussienne. En effet, la Chambre créa une armée nombreuse ; mais n'avons-nous pas perdu en qualité ce que nous gagnons en quantité ? N'a-t-elle pas, sans le savoir, consacré implicitement le principe des milices, au détriment des armées permanentes ? La loi de 1832 pouvait être modifiée, remaniée et développée. A-t-on fait acte de prévoyance en en rejetant les bases ? L'esprit militaire s'est affaissé dans l'armée, quand le soldat chevronné en a quitté les rangs.

Cependant, un courant d'opinion ne tarda pas à s'établir en faveur des réformes à l'allemande, et les lois existantes triomphèrent de celles de Gouvion-Saint-Cyr : l'armée fut divisée en dix-huit corps, et celui de l'Algérie forma le dix-neuvième. Naturellement Bataille avait sa place marquée à la tête de l'un d'eux. Le gouvernement lui laissa le choix de son commandement. Il demanda celui d'Orléans, en 1873, et vint établir son quartier général dans cette ville l'été qui suivit. Le général Bataille a toujours regretté le sectionnement de l'armée en dix-neuf fractions; il ne trouvait pas que, dans ces conditions, le corps d'armée représentàt une force suffisante encas de mobilisation. Il aurait voulu des corps formés à trois divisions d'infanterie, avec artillerie et cavalerie en force proportionnelle, et douze seulement pour toute la France. Il ajoutait que, même dans l'intérêt de la direction générale, il était plus facile de trouver douze généraux de division s'imposant par leur capacité que dix-neuf.

Orléans fut sa dernière étape; mais, avant de s'y fixer, il voulut accomplir un grand acte de reconnaissance. Il épousa, en 1874, cette jeune et charmante femme que nous avons vue à l'œuvre du dévouement et qui lui avait donné tant de preuves d'affectueux désintéressement. Fille du procureur général Rabou, douée de talents exceptionnellement artistiques, elle fut le couronnement de la carrière de son mari et l'étoile de l'hôtel du quartier général du 5° corps.

Dès qu'elle fut installée dans sa résidence, elle prit la part qui convient à la femme d'un fonctionnaire dans les œuvres de charité de la ville. Sa voix merveilleuse fut à la discrétion de son bon cœur, et les recettes qu'elle fit devinrent les trésors des infirmes et des malheureux.

Chacun se souvient encore, à Orléans, du passage trop court de ces deux époux profitant de leur rang pour répandre le bien autour d'eux. L'un et l'autre ont laissé à leur suite une lumineuse traînée de reconnaissance. On a pris leur place, on ne les a pas remplacés.

Arrivé dans la cité de Jeanne d'Arc, le général Bataille se trouva en relations avec celui qui en était l'âme en même temps que la flamme : j'ai nommé Mgr Dupanloup, évêque et représentant de la ville à la Chambre comme au Sénat.

Il se sentit immédiatement attiré vers cet évêque qui était, lui aussi, un soldat, et qui avait combattu pour toutes les causes sacrées ; malgré sa haute position, il demeura toujours rempli de déférence vis-à-vis de lui. Plein de tact, quand il le rencontrait dans les cérémonies publiques, il ne souffrait pas que l'évêque lui cédât le pas. Un jour, à la messe du Saint-Esprit, Mgr Dupanloup restait derrière les autorités ; le général en rougit, et, avec une grâce toute soldatesque, il l'alla chercher en lui disant : « Prenez mon bras, Monseigneur, nous entrerons ensemble. » Et l'assistance vit avec émotion le vieil athlète de l'Église, courbé déjà par l'âge, s'appuyer au bras du guerrier pour aller prendre sa place sur le trône épiscopal qui lui avait été préparé.

Heureux furent les premiers temps de séjour d'Orléans : les jours glissaient rapides, exempts de soucis. Le commandant en chef travaillait régulièrement, avec son état-major, au plan de mobilisation de son corps d'armée, et il en essayait les effets aux manœuvres, qu'il dirigeait avec l'expérience d'un officier qui en a pris l'habitude à la véritable école, c'est-à-dire à la guerre.

Et cependant il voyait avec un certain regret les nécessités de la tactique nouvelle en présence des feux rapides. « Désormais, disait-il, celui qui conduira une troupe n'aura plus qu'une idée, c'est de protéger son effectif contre les effets de l'artillerie ou de la mousqueterie, et pour cela il se défilera par des tranchées, des accidents de terrain naturels ou créés, il mettra la pioche à la main de ses hommes au lieu de la baïonnette, il les couchera dans un fossé ou dans un sillon. Mais comment les relèvera-t-il ? Comment les arrachera-t-il à leur abri quand le moment de l'attaque sera venu ? Avec ce système de protection, nous perdons le premier mouvement des Français, l'élan, qui a toujours été leur vertu caractéristique et leur succès dans l'action. »

Cette question le préoccupait singulièrement, et, à diverses reprises, il s'en est ouvert à son entourage.

Deux fois, pendant la période de son commandement, il eut la bonne fortune de présider à des manœuvres. Son corps d'armée fut le rendez-vous de la plupart des attachés militaires de l'Europe, et le Maréchal Président de la République l'honora de sa visite sur le terrain de l'instruction.

Le général Bataille n'appartenait pas à la catégorie de ceux qui s'absorbent uniquement dans leurs fonctions. Il savait trouver des loisirs. Quand on lui demandait comment il s'y prenait, il répondait qu'il laissait à chacun sa part d'initiative et que tout le monde s'en trouvait mieux. A un colonel qui, sans doute pour se faire valoir, lui exposait qu'il était accablé de besogne : « Tant pis pour vous, lui répliquait-il; probablement votre lieutenant-colonel n'a rien à faire. Quand j'avais votre grade, je n'ai jamais été accablé de besogne, parce que chacun, selon ses attributions, coopérait à l'ensemble. »

Ainsi, savoir distribuer le travail et en exiger

la stricte exécution a toujours été sa qualité pré-
dominante dans l'exercice de ses fonctions. Ajou-
tez à cela une facilité vraiment extraordinaire
dans l'expression verbale ou écrite de ses ordres,
et le lecteur comprendra qu'il pouvait se laisser
aller au charme de la vie intime après le labeur
de la journée.

On vivait, en effet, d'une vie d'intimité avec
lui. Le général s'était entouré des officiers qui
l'avaient accompagné pendant ses campagnes,
et d'autres avec lesquels il avait eu des relations
personnelles ; il les réunissait presque tous les
soirs dans ses salons, et là, dépouillant l'as-
pect du chef militaire, il prenait avec eux celui
du père de famille groupant les siens autour
de lui. C'est ainsi qu'il s'est attiré des affections
qui respiraient la piété filiale, et l'on a vu plus
d'un de ses habitués pleurer comme un enfant
sur son lit de mort.

Quand il avait reconnu des qualités chez un
officier, il le suivait partout et employait son
crédit pour le faire avancer. Si celui-ci avait eu
quelque défaillance, il cherchait à le relever par
tous les moyens possibles.

Tout en préparant l'avenir, le général Bataille
n'était pas indifférent au passé. La circonscrip-

tion territoriale du 5e corps avait été le théâtre de nombreux faits d'armes dans la campagne de 1870. On prétend que la France oublie vite ; c'est peut-être vrai, mais elle se ressouvient facilement, ainsi que le disait le président du Comité de secours aux blessés du Loiret. C'est sous l'impression de ce sentiment que le Comité, d'accord avec le général en chef, prenait l'initiative de l'érection d'un monument commémoratif de la bataille de Coulmiers. L'armée de Paris avait le sien, l'armée de Metz le sien également à Mars-la-Tour ; il en fallait un à l'armée de la Loire, celui de Coulmiers.

Dès le 5 mai 1874, une commission se formait, dont la présidence d'honneur fut attribuée à Mgr Dupanloup, au général d'Aurelle de Paladines et au Préfet du Loiret. Elle devait rechercher les moyens pratiques de la mise en œuvre du projet. Un chaleureux appel, adressé par la voix de la presse à toute la France, eut un écho retentissant. La souscription resta ouverte jusqu'en 1875, et le chiffre des recettes monta jusqu'à quarante mille francs. C'était plus qu'il n'en fallait ; l'excédant fut appliqué à la restauration de l'église paroissiale de Coulmiers.

Malgré l'éclat du souvenir qu'il est destiné

à rappeler, il était opportun que, dans l'exécution du monument, l'artiste n'insistât pas sur le caractère victorieux de cette journée, car un succès partiel devait s'effacer devant le deuil de la patrie ; en conséquence, M. Coquard proposa une croix latine, d'un style sévère, reposant sur un socle et surmontant un tertre gazonné entouré d'une balustrade. Son idée fut acceptée, et il la réalisa dans un champ demeuré célèbre, en face de l'angle du parc du château de Coulmiers où s'était retranché le gros des bataillons de Von der Thann derrière l'enceinte.

C'est là que Barry, désigné pour emporter de vive force cette position qui était la clef de la situation, enleva son monde aux cris de *Vive la France !* Et les Bavarois furent enfoncés. De nombreux morts restèrent sur place, et ce terrain paraissait indiqué pour devenir leur champ de repos après avoir été celui de leur immolation. Le propriétaire, M. de Villebonne, en fit hommage à la commission.

M⁹ʳ Dupanloup fut appelé à bénir la croix funèbre qui domine le petit cimetière. Bataille et d'Aurelles assistèrent à la bénédiction : le premier comme représentant du Maréchal Président de la République, le second comme l'épée de Coulmiers. Une foule compacte se pressait autour d'eux à cette touchante démonstration, et ce fut un spectacle saisissant de voir réunis pour le même et patriotique motif ces trois éminents lutteurs d'un ordre différent.

Le pontife ému, qui s'était servi en 1870 de sa parole comme d'un glaive en face des envahisseurs de sa ville épiscopale, fit couler les larmes des auditeurs en élevant leurs cœurs au pied de la croix mortuaire.

D'Aurelle rappela les différentes phases de la bataille. Le blessé de Metz transporta les masses d'enthousiasme quand, s'adressant à son collègue victorieux :

« Vous, général d'Aurelle, lui dit-il, qui, dans votre patriotisme et avec votre seule énergie, étiez parvenu à organiser en si peu de temps ce premier noyau de la résistance dans la province; vous à qui nous devons une de nos rares journées heureuses de cette triste guerre, au nom de ceux que vous commandiez, au nom de ceux qui, loin de vous, restaient impuissants dans leur dure captivité, au nom de tous, enfin, laissez-moi vous serrer la main. »

Cependant l'horizon politique s'était assombri.

Avec son caractère, on conçcit aisément que les tendances du général Bataille fussent conservatrices. Il voyait avec peine l'axe de l'opinion publique se déplacer à gauche. Les honneurs dont il était comblé, car il venait d'être nommé grand-croix de la Légion-d'Honneur, ne l'empêchaient pas d'envisager l'avenir avec inquiétude. Il s'en ouvrait parfois à son bouillant évêque qui, lui aussi, appréhendait quelque catastrophe. Le général sentait bien, sans donner une formule à sa pensée, que Gambetta grandissait et que le maréchal de Mac-Mahon perdait en popularité ce que gagnait son rival. L'échec du 16 mai fut pour lui un coup de foudre, et, avec ce désastre, s'évanouirent ses dernières illusions conservatrices. Il eût été habile alors de saluer le soleil levant et d'aller courber l'échine devant le tribun vainqueur. Plusieurs de ses collègues s'y sont résignés et ont échappé ainsi à des représailles. On lui adressait des avances dans ce sens, mais c'était faire injure à Bataille que de croire qu'il y répondrait. Pouvait-il adorer ce qu'il avait brûlé? Profondément respectueux des lois de son pays, il savait s'incliner devant elles, mais il ne lui appartenait pas d'abdiquer sa personnalité. Ce fut tout son crime, et à dater de cette

époque il s'aperçut qu'on le traitait en suspect ;
les journaux l'attaquèrent, les députés l'accu-
sèrent de cléricalisme, parce que son équité
ne lui avait pas permis de faire occuper mi-
litairement, pendant les manœuvres, les locaux
du grand séminaire de Blois, tandis que l'Uni-
versité refusait les siens. En un mot, on ne
cherchait plus qu'une occasion pour se défaire
de lui.

L'occasion ne tarda pas à se présenter. Il
arrivait à l'expiration de ses pouvoirs à la tête
du 5e corps d'armée, et ses adversaires joignirent
son nom à la liste des proscrits de l'armée qui
devaient avoir l'honneur de provoquer une crise
présidentielle. On se rappelle que la gauche de la
Chambre, avec Gambetta pour leader et le général Gresley pour exécuteur de ses desseins, proposa à la signature du maréchal un décret re-
levant de leur emploi les généraux Bataille,
Bourbaki, Du Barail et Ducrot. C'était déchirer
la première page de l'annuaire.

Le Président de la République s'indigna. Il
voulait garder à ses côtés les lieutenants de son
choix en cas de guerre, et, avec un de ses empor-
tements d'honnêteté que définissait avec tant de
finesse M. Dufaure, il adressa sa démission de

Président de la République française aux représentants de la nation.

Quand il fut frappé de cette disgrâce, le général Bataille exerçait son grand commandement depuis huit ans; il y avait cinquante ans qu'il portait l'uniforme. Le 11 février 1879, il tombait en haute compagnie, mais le coup ne lui en fut pas moins rude. « C'est Athènes proscrivant ses généraux », répétait le vieux soldat qui avait si longtemps combattu pour la France et versé pour elle un sang si généreux.

Il adressa ses adieux aux troupes dans l'ordre du jour suivant, qui exprime la droiture de ses intentions, en dépit des calomnies dont il a été l'objet :

Officiers, sous-officiers et soldats du 5ᵉ corps
d'armée et de la 5ᵉ région militaire.

« Un décret du Président de la République, en date du 11 février courant, me place dans la position de disponibilité.

« Avant de me séparer des troupes, dont la majeure partie était sous mes ordres depuis près de huit ans, je tiens à remercier tous ceux dont le concours empressé, intelligent et dévoué m'a permis de mener à bonne fin la tâche si compliquée de notre réorganisation militaire.

« C'est avec une légitime fierté que je laisse à mon successeur un corps d'armée discipliné et instruit, dont les grandes manœuvres, en 1875 et en 1876, ont été l'objet de félicitations, et dont le travail de mobilisation peut être considéré comme terminé.

« En faisant aujourd'hui mes adieux au 5e corps d'armée, mon cœur est profondément attristé ; mais j'emporte dans ma conscience la satisfaction de n'avoir jamais été qu'un soldat dévoué à son pays, et, je le dis bien haut, toujours loyalement soumis et obéissant à ses lois.

« Au quartier-général, à Orléans, 14 février 1879.

     « Le Général de division,

      « BATAILLE. »

Dans le Loiret, où il s'était créé une situation particulièrement appréciée, il reçut de vives marques de sympathie. Au milieu d'une foule de lettres qui lui furent adressées de toutes parts, je n'en cite qu'une, celle d'un écrivain distingué, M. l'abbé Bougaud, parce qu'elle est à la fois un portrait frappant du général et le résumé éloquent des regrets qu'inspira son départ :

« GÉNÉRAL,

« Vous nous quittez ; permettez-moi de vous adresser l'expression de mes plus vifs regrets.

« La bonté de votre âme, la franchise de votre caractère, la solidité de vos principes, la sûreté de votre gouvernement, vous avaient conquis tous les respects et toutes les sympathies. Votre présence ici était un honneur et une protection. On vous aimait, et on vous regrettera longtemps. Dieu veuille qu'on ne sente pas trop amèrement que vous n'êtes plus là ! . . .

. . . .

« Je vois bien du monde. Les sentiments que je vous exprime sont ici unanimes. Il n'y a ici qu'une voix pour déplorer votre départ comme un malheur. Et je ne parle ici qu'au petit point de vue local ; que serait-ce si je regardais plus haut ? . . . .

. . . . »

Ces paroles émues lui parvinrent à Paris où il se retira ; mais le bruit de la capitale ne put l'étourdir, car s'il n'avait pas reculé devant l'éventualité d'une disgrâce pour les raisons que l'on sait, il n'en fut pas moins blessé. Les blessures qu'il avait reçues en se battant n'avaient meurtri que les chairs. D'ailleurs, elles venaient de l'ennemi, et, dans l'effusion de son sang, il avait goûté la saveur du patriotisme. Mais, en 1879, c'est sa patrie elle-même qui se retournait contre lui et le frappait au cœur.

Il ne devait pas s'en relever. Trois ans après, une courte maladie l'enlevait à l'affection de sa famille. Bataille et Ducrot n'ont jamais pris leur parti de leur exil à l'intérieur : l'un et l'autre en ont été les illustres victimes.

Les obsèques du général Bataille furent célébrées le 10 janvier 1882 dans l'église de Chaillot, sa paroisse, sous la présidence de Mgr Coullié, évêque d'Orléans, qui donna l'absoute. Elles ont été imposantes par le grand nombre de notabilités figurant au cortège, qui étaient venues donner un dernier témoignage d'estime à leur ancien compagnon d'armes. On voyait au premier rang des maréchaux de France, plusieurs amiraux et nombre d'officiers généraux qui avaient été ses camarades ou ses subordonnés.

Telle a été la vie du général de division Bataille. On citerait peu d'exemples d'un avancement aussi rapide que celui de cet intrépide soldat. Et, cependant, il ne dut rien à la faveur. Fils de ses œuvres, comme son père, il n'eut d'autre recommandation que lui-même. Ce qui justifie son avancement, c'est sa valeur personnelle, c'est la continuité et l'éclat de ses services. Depuis sa sortie de Saint-Cyr jusqu'à la fin de la guerre de 1870, il n'a cessé d'être en campagne. Les fréquentes mises à l'ordre du jour dont il a été l'objet expliquent assez comment il a pu obtenir à quarante-un ans le grade de général. C'était un officier justement aimé et estimé; jamais il n'a donné prise à l'envie, parce que chacun savait que la valeur de la récompense qui lui était accordée ne pouvait dépasser son mérite. Au courage sur le champ de bataille, dont il a donné des preuves multipliées, il joignait une énergie, un sang-froid, et une rapidité de décision, qui faisaient de lui un chef précieux dans les moments critiques.

Les Allemands eux-mêmes, je l'ai signalé, ont mis en relief ce côté de sa personnalité et lui rendent pleine justice dans les ouvrages qu'ils ont publiés sur la guerre de 1870.

Ses concitoyens auraient dû lui reconnaître une autre qualité : la loyauté, et, dès lors, ils ne l'auraient pas suspecté à cause de ses tendances politiques. Bataille était, d'ailleurs, le contraire d'un homme politique : il fallait le laisser à ses troupes, à ses manœuvres, à son plan de mobilisation. N'était-il pas au moins puéril de traiter en conspirateur un homme qui comptait quarante-trois années de service pour son pays, vingt-trois campagnes, deux blessures et plusieurs citations?

Loyauté ne veut pas dire indifférence.

Certainement, il avait ses affections personnelles ; elles ont été suffisamment expliquées ; mais, à aucun degré, il n'a donné à ses préférences la place qui n'est due qu'au respect de la loi. Son ordre du jour d'adieu ferme la bouche à ses adversaires qu'il confond d'un seul mot.

La République aurait voulu qu'il la courtisât; elle s'est heurtée à un homme qui n'a flatté aucun pouvoir, ni monarchie, ni république. Le général Bataille n'aimait que sa patrie, et il a emporté dans la tombe sa fidélité à la France.

IMPRIMÉ PAR G. JACOB
POUR H. HERLUISON, LIBRAIRE-ÉDITEUR
A ORLÉANS

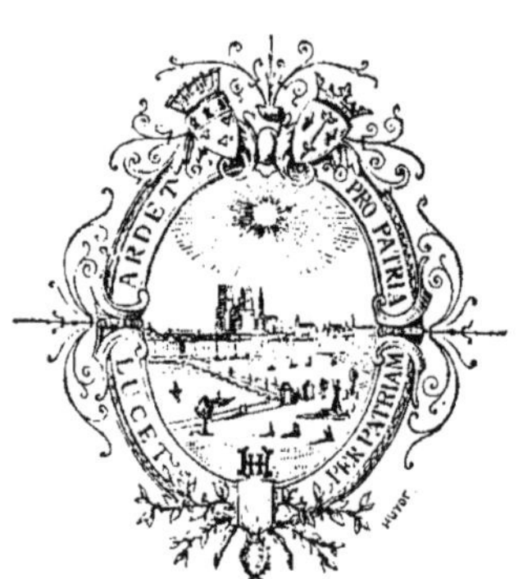